I0701794

1. Auflage 2024
Copyright © Dr. med. Andrea Werner
info@praxis-aw.de
www.praxis-aw.de
Independently published. Eigenverlag.
Alle Rechte vorbehalten.
Umschlagsgestaltung und Grafiken erstellt von © Dr. med. Andrea Werner
Druck und Bindung Kindle Direct Publishing
ISBN: 9798875537226

Dr. med. Andrea Werner

Selbstfürsorge – Leicht gemacht!

INHALT

VORWORT 1

DEIN WEG ZU EINER REGELMÄSSIGEN SELBSTFÜRSORGEPRAXIS 3

DEIN WARUM DER SELBSTFÜRSORGEPRAXIS 5

DEIN FAHRPLAN: 5 SCHRITTE ZU DEINER SELBSTFÜRSORGEPRAXIS 7

SCHRITT 1: KATEGORIEN 9

SCHRITT 2: ÜBUNGEN 13

SICH MITTEILEN 15

Mit jemandem reden 15

Einen Brief oder Tagebuch schreiben 16

Das Dankbarkeitstagebuch 18

Das Dankbarkeitsglas 19

ETWAS KREIEREN 22

ACHTSAMKEIT 25

Stopp-Methode 25

BEWEGUNG UND SPORT 29

GENIESSEN UND SICH ETWAS GUTES TUN 32

Den Blick weiten 33

DEINE LIEBEN 35

BERÜHRUNG 37

Wie kann ich gut berühren? 39

Eine Selbstberührungsübung 40

SCHRITT 3: ÜBEN 43

WOCHENKALENDER 44

SCHRITT 4: TÄGLICHE REFLEKTION 45

MÖCHTEST DU DEINE ALLTAGSPRAXIS INTENSIVIEREN? 45

In einer Krise 46

SCHRITT 5: WOCHENREFLEKTION 47

SELBSTFÜRSORGE-BUDDY 48

NUN SOLLTEST DU HERAUSGEFUNDEN HABEN 51

SO KANN ES FÜR DICH WEITERGEHEN 52

NACHWORT 54

ANHANG 57

Vorwort

Die Erfahrungen während meiner ärztlichen Tätigkeit in der
Psychosomatischen Klinik zeigten mir wie sinnvoll es ist
Selbstfürsorge zu praktizieren, nicht nur in Krisenzeiten.
Einer meiner Lehrer sagte immer, Segeln lernt man nicht bei
Sturm. Segeln lernt man, wenn das Meer ruhig ist und jede
Handlung und Bewegung eingeübt werden kann. Erst dann
kann das Schiff im Sturm navigiert werden. Eine gewisse
Routine und vorsorglich zu handeln, erleichtert es in
Krisenzeiten wieder zu sich zu kommen und in die innere
Mitte zu finden.

In der Selbstfürsorgepraxis hat es sich bewährt, so etwas wie
eine Schatzkiste für sich oder ein Repertoire aufzubauen.
Dinge schriftlich festzuhalten, so dass darauf in schlechten
Zeiten zurückgegriffen werden kann, ist ebenso
unterstützend. Kreiere dir also gerne deine eigene
Schatzkiste!

Es gibt viele verschiedene Möglichkeiten und Methoden der
Selbstfürsorge. Nach meiner Erfahrung ist eine tiefgreifende
Veränderung erst dann möglich, wenn man sich Dinge mehr
und mehr bewusst macht, innehält und sich den eigenen
Mustern stellt.

Gerade sehr tief verinnerlichte Glaubensmuster und
negative, selbstverurteilende Denkweisen tragen immer
wieder zu Stimmungseinbrüchen und Krisen bei. Die
Entwicklung einer wohlwollenden, liebevoll beistehenden
inneren Stimme kann dabei eine langfristige Praxis und
Achtsamkeit erfordern. Sie ist mit Sicherheit eine der
kraftvollsten Möglichkeiten, um in einem guten Kontakt mit

sich selbst zu sein. Viele Selbstfürsorgepraktiken und Methoden können das unterstützen.

In diesem kleinen Buch habe ich einige Dinge zusammengefasst, die ich für sinnvoll erachte und von meinen Patienten als hilfreich empfunden wurden. Die verschiedenen Praktiken sind in sieben Kategorien unterteilt. In fünf Schritten führe ich dich zu deiner ganz eigenen Selbstfürsorgepraxis. Dabei ist es mir ein Anliegen dich zu unterstützen und zu motivieren deinen eigenen Weg zu dir selbst zu gehen.

Mit diesem Buch möchte ich dir helfen, deine eigene Selbstfürsorgepraxis zu finden und zu entwickeln. Es ist sozusagen eine Hilfe zur Selbsthilfe.

Zunächst werde ich die sieben Kategorien und Übungen dazu vorstellen. Der Wochenkalender kann dich bei der praktischen Umsetzung im Alltag unterstützen.

Wie schön, dass du dich mit mir auf diese Reise begibst. Die Reise darf leicht sein, wunderbar, voller Überraschungen und getragen von Genährt sein.

DEIN WEG ZU EINER REGELMÄSSIGEN SELBSTFÜRSORGEPRAXIS

Eine Selbstfürsorgepraxis kann ganz unterschiedlich sein. Jeder ist anders. Was dem einen guttut, kann jemand anderes als nicht hilfreich empfinden. Daher ist es gut, Dinge für sich auszuprobieren und vielleicht sogar eine Weile dran zu bleiben, um zu bemerken, was dir guttut und hilft.

Zum Beispiel das regelmäßige Schreiben eines Dankbarkeitstagebuchs. Die Selbstfürsorgepraxis kann auch etwas vermeintlich Kleines sein: eine Tasse Tee trinken. Vielleicht mit einer Freundin? Sich eincremen etc.

Wenn du auf deinen Tag zurückschaust, gibt es da solche Momente? Wie hast du dich dabei gefühlt? Schreib es in eine Notiz im Handy oder in deinen Kalender und sammle diese kleinen wohltuenden Momente!

Was ich damit sagen will ist, dass du aus deiner Selbstfürsorgepraxis nichts Großes machen musst. Das kann hinderlich und blockierend sein. Wenn die Aufgabe zu groß ist, wenn wir uns zu viel vornehmen, fangen wir oft erst gar nicht damit an. Die Hürde ist zu groß. Es ist leichter kleine Schritte zu machen und Schritt für Schritt zu gehen.

Auf Seite acht ist eine Übersicht über die Schritte, die ich empfehle, um deine eigene Selbstfürsorgepraxis zu entwickeln. Natürlich kannst du deine eigene Variante wählen, wenn du bemerkst, dass du einen anderen Weg gehen möchtest. Es sind Angebote, die du nehmen kannst oder auch nicht.

Hast du bemerkt, dass es nichts bringt
sich mit anderen zu vergleichen oder
Dinge einfach nachzumachen?
Genauso wenig bringt es etwas sich
für andere zu verändern. In diesem
Sinne ist deine Selbstfürsorgepraxis
nur für dich.

Sich selbst an erste Stelle zu stellen ist
meistens nicht das was einem
beigebracht wurde. Oft ist es das
Gegenteil! Dabei ist es so wohltuend
und nährend etwas für sich zu tun. Das
ist kein Egoismus, sondern eine
tägliche Praxis die mit Selbstliebe zu
tun hat – sie ist wirklich nur für dich.
Das stärkt dich, deine Resilienz und
deine Fähigkeit zur Selbstregulation!

Was ist dein Warum?

____

____

____

____

____

____

Ein allgemein gültiges Warum eine
regelmäßige Selbstfürsorgepraxis
guttut ist in Abbildung eins dargestellt.

Abb. 1 Dein Warum der Selbstfürsorgepraxis

Vielleicht hast du dich auch schon gefragt, welche Schritte du konkret gehen kannst, um deine Selbstfürsorgepraxis zu finden und sie sinnvoll im Alltag anzuwenden? Hier sind die fünf Schritte durch die ich dich im weiteren Buch führe:

1. Schaue dir die Übersicht der Selbstfürsorge-Kategorien an (siehe Abbildung 3). Frage dich: Was mache ich schon? Notiere das in der leeren Tabelle auf Seite 11.

2. Lies dir die Übungen zu den einzelnen Kategorien durch: Welche sagt dir zu? Markiere sie und ergänze die Tabelle damit.
   Tipp: Nimm eine andere Farbe, wenn es etwas Neues ist das du ausprobieren möchtest.

3. Führe über eine Woche lang jeden Tag eine Übung zur Selbstfürsorgepraxis aus deiner Auswahl durch und trage am Abend die Übung und deine Erfahrungen des Tages in den Wochenkalender ein.

4. Nimm dir über eine Woche jeden Tag am Abend Zeit zum Reflektieren und mache einen Eintrag in den Wochenkalender.

5. Nach einer Woche nimm den Wochenkalender zur Hand und reflektiere: Blicke zurück auf die Woche und die Gefühle, die du notiert hast. Wann waren positive Gefühle da? Wann hast du dich gut gefühlt? Wie sah der Tag aus, als du diese Gefühle hattest? Kannst du dir davon etwas als Routine beibehalten? Zum Beispiel eine bestimmte Uhrzeit der Selbstfürsorgepraxis oder eine bestimmte Übung? Gratulation! Damit solltest du deine eigene Selbstfürsorgepraxis gefunden haben.

5 Schritte zu deiner Selbstfürsorgepraxis

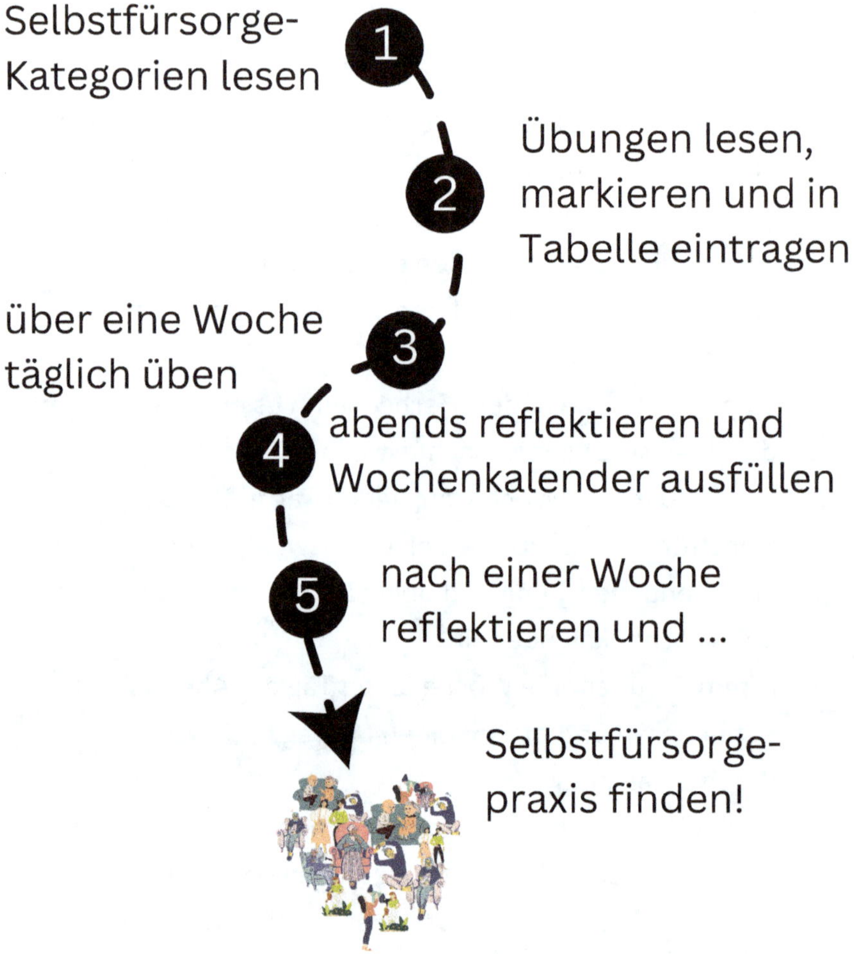

Abb. 2 5 Schritte zu deiner Selbstfürsorgepraxis

KATEGORIEN

Im Folgenden stelle ich dir sieben verschiedene Kategorien der Selbstfürsorgepraxis mit Anregungen zu verschiedenen Übungen und unterschiedliche Methoden vor.

Die sieben Kategorien sind:

1. **Mitteilen**: Im Wesentlichen geht es dabei um den Ausdruck deiner Gefühle; das kann beim Schreiben oder mit jemandem Sprechen der Fall sein.
2. **Kreieren**: Das kann dein Hobby sein.
3. **Achtsamkeit**: Innehalten und den Kontakt zu sich spüren ist ein Merkmal der Meditationspraxis.
4. **Bewegen**: Das findet beim Sport und Durchführen von Körperübungen statt.
5. **Genießen**: Sich etwas Gutes zu tun und den Blick zu weiten kann viele Formen haben.
6. **Unsere Lieben**: In wohlwollender Gemeinschaft und guter Gesellschaft sein kannst du beispielsweise mit einer schönen Aktivität verbinden.
7. **Berührung**: Von achtsamer angenehmer Berührung profitieren die meisten Menschen.

Auf der nächsten Seite findest Du eine Übersicht und danach eine leere Tabelle um deine eigenen Übungen und Methoden zu sammeln und zu verschriftlichen. Im zweiten Schritt stelle ich dir verschiedene Übungen zu den einzelnen Kategorien vor.

7 Kategorien der Selbstfürsorgepraxis

Abb. 3 Übersicht Selbstfürsorge - Kategorien

Übungen deiner Selbstfürsorgepraxis

Abb. 4 Übungen deiner Selbstfürsorgepraxis

Gehe nun zunächst die Methoden durch und markiere in jeder Kategorie mindestens eine Übung, die dir entspricht und zusagt. Trage sie am besten gleich in die leere Tabelle (Grafik auf Seite 11) ein.

Manche der Methoden passen in mehrere Kategorien. Schau, wo sie für dich passend sind.

ÜBUNGEN

Das Repertoire an Übungen ist aus meiner klinischen Tätigkeit mit Patienten gewachsen.

Alle Übungen sind inspiriert von Rückmeldungen aus der praktischen Arbeit. Sie haben sich etabliert und wenn sie für einige meiner Patienten stimmen, passt vielleicht auch die eine oder andere Übung für dich.

Nicht alle Übungen sind für jeden geeignet und sagen einem zu. Suche dir die aus, die dir zusagen und womit du dich wohlfühlst. Manchmal kann es auch hilfreich sein etwas Neues auszuprobieren, innere Hürden zu überwinden und an etwas dran zu bleiben auch wenn es zunächst anstrengend erscheint. Meistens werden wir belohnt.

Alle Übungen und Anregungen zur Selbstreflektion sind mit dem Haus-Symbol markiert.

1. Mitteilen

Dinge auszusprechen und sich mitzuteilen, kann Dinge in Bewegung setzen. Das erfahre ich immer wieder und hat auch die Gründerin der Rosen – Methode® Marion Rosen gesehen. Sie berührte Menschen und hat bemerkt, dass wenn ihre Klienten über das sprachen was in ihnen vorging, sich Dinge leichter lösen konnten und sie sich danach befreit fühlten. So wurde das Sprechen und das Sich-Mitteilen ein wichtiger Bestandteil der Methode (https://praxis-aw.de/rosen-methode-koerperarbeit/).

Es geht also um die Formulierung dessen was in dir vorgeht und dich emotional ergreift. Die Gefühle können Ausdruck finden beim Reden oder Schreiben.

Mit jemandem reden

Es gibt zahlreiche Möglichkeiten sich mit jemandem auszutauschen. Das kann am Telefon sein oder in Verbindung mit einer schönen Aktivität, zum Beispiel bei einem Spaziergang, beim Tee/Kaffee trinken, Essen gehen usw. Dabei geht es um die Formulierung dessen, was dich beschäftigt und emotional ergreift. Versuche dich dabei von deinen eigenen Worten und dem Gesagten berühren zu lassen. Lausche auf die Antwort deines Gegenübers. Erfährst du Wertschätzung und Verständnis?

Spüre nach, wie es ist, etwas
ausgesprochen zu haben. Fühlst du
dich erleichtert?

Manchen Menschen fällt es schwer
sich mitzuteilen, insbesondere
anderen Personen gegenüber.
Tagebuch führen oder einen Brief
schreiben ist auch eine Form des sich
Mitteilens und der Äußerung von dem
was dich bewegt. Du kannst einen
Brief an jemanden gerichtet schreiben,
musst ihn aber nicht abschicken! Allein
das Schreiben ist ein Prozess und kann
Dinge in Bewegung setzen.

Wenn du magst, kannst du dich
fragen:

Gibt es eine Person der du gerne
etwas mitteilen möchtest? Das kann
auch jemand sein, der*die schon
verstorben ist.

____

____

Gibt es etwas, das du immer schon mal aussprechen wolltest dich aber noch nie getraut hast?

____

____

____

____

____

____

____

____

____

____

Dann nimm ein Blatt Papier, notiere es oben oder in dein Handy, schreibe einfach herunter oder diktiere, was dir als erstes in den Sinn kommt ohne dabei viel zu überlegen.

In ein Dankbarkeitstagesbuch schreibst du alles auf wofür du dankbar bist. Alternativ kannst du aufschreiben was du Positives erlebt hast. Zum Beispiel eine schöne Rückmeldung von einem Menschen, den du magst oder sogar den du vielleicht nur wenig kennst.

Klassischerweise wird empfohlen sich am Abend hinzusetzen und mindestens drei Dinge zu finden wofür du dankbar bist oder was du Positives erlebt hast.

Du kannst dir ein einfaches Notizheft schön gestalten oder die Notizfunktion deines Handys nutzen.

Wenn du dich für das Dankbarkeitstagebuch entschieden hast, empfehle ich dir, es mindestens vier Wochen zu führen. Effektiver ist es natürlich über einen längeren Zeitraum zu machen. Bleib einfach dabei, auch wenn du mal ein paar Tage nichts aufgeschrieben hast. Du kannst immer wieder darauf zurückkommen.

Alternativ kannst du dir ein großes Glas nehmen und darin kleine Zettelchen mit Sätzen oder Worten darauf sammeln. Gerade wenn du nicht jeden Tag etwas aufschreiben möchtest, eignet sich das Glas sehr gut zum Beispiel für einen Rückblick am Ende der Woche oder einfach, wenn du eine schöne Erfahrung gesammelt hast. Dann kannst du sie auf einen Zettel schreiben, ihn zusammenfalten und in das Glas werfen.

Eine Frau hat mir mal erzählt wie sie das seit Jahren mache und dann immer am Jahresende das Glas heraushole und auf ihre schönen Erfahrungen zurückblicke. Das klingt nach einem schönen Jahresabschluss und Ritual für Silvester!

Im Dankbarkeitstagebuch und -glas teilst du dir selbst sozusagen positive Erlebnisse und Erfahrungen mit. Du richtest dich mehr auf die schönen Dinge im Leben aus. Das kann zu mehr Optimismus im Leben führen. Das ist ein Merkmal für unsere RESILIENZFÄHIGKEIT!

Es gibt einige Studien, die gezeigt haben, dass die Erinnerung an etwas Positives und die Ausrichtung auf unsere

Dankbarkeit uns, unsere Selbstregulationsfähigkeit und unsere Resilienzfähigkeit stärkt. Das heißt, wir reagieren in herausfordernden Situationen weniger gestresst und können, wenn wir gestresst sind, leichter wieder zur Ruhe kommen.

Ich möchte jedem ans Herz legen, das Dankbarkeitstagebuch zumindest für eine gewisse Zeit mal auszuprobieren.

2. Kreieren

Etwas kreieren oder etwas tun was du gerne machst, kann dich in eine Art Flow versetzen und du vergisst Raum und Zeit und alles um dich herum. Wenn wir etwas kreieren und gestalten sind wir ganz konzentriert. Wir fokussieren uns auf eine Sache. Es ist eine Kunst sich auf eines zu konzentrieren und sich dabei nicht ablenken zu lassen!

Das kann alles sein was du gerne tust. Zum Beispiel malen oder basteln, gärtnern oder backen, häkeln, stricken, werkeln, etwas bauen und so weiter.

Dabei erfahren wir auch, dass wir etwas schaffen können. Das erhöht, wie es in der Fachsprache heißt, das SELBSTWIRKSAMKEITSERLEBEN und das SELBSTWERTGEFÜHL wird stabiler.

Als eine Idee wäre es möglich, den Umschlag deines Dankbarkeitstagebuchs schön zu gestalten, einen Adventskalender basteln oder ein Freundebuch für (d)ein Kind zu gestalten.

Eine andere Möglichkeit wäre deine eigene Selbstfürsorge – Schatzkiste zu bauen oder zu verzieren. In ihr verstaust du alles, was du als Selbstfürsorgepraxis gerne anwenden möchtest. Da kann beispielsweise auch ein Do-It-Yourself – Bastelset hinein oder ein Buch das du gerne liest.

Alles worin deine Kreativität Ausdruck findet kann dazu gehören: ein Handwerk, Stricken, Musik machen oder Singen. Vielleicht ein Hobby? Die Möglichkeiten sind unendlich!

Worin liegt deine Kreativität?

____

____

____

____

Was kreierst du gerne?

____

____

____

____

3. Achtsamkeit

ACHTSAMKEIT

Innehalten und den Kontakt zu sich spüren sind Kennzeichen einer Achtsamkeitspraxis. Dazu gehören verschiedene Formen der Meditation (siehe Abbildung 5, Seite 27), aber auch Bewegungspraktiken die die Körper- und Selbstwahrnehmung fördern wie beispielsweise das Rosen-Movement, Feldenkrais, Pilates oder Nia. Yoga ist wahrscheinlich die bekannteste Form davon.

Auch Gehmeditation gehört dazu.

Alle haben sie sich-gehen-lassen und geschehen-lassen gemeinsam, eine Versenkung in das eigene tiefe Innere, jenseits von Gedanken.

STOPP-METHODE

Etwas aktiver kannst du die Stopp-Methode gegenüber Gedanken, insbesondere negativen, praktizieren. Du kannst aufhören allen Gedanken zu folgen und dich entscheiden still zu sein. Innerlich still. Du verfolgst keinen Gedanken mehr zu Ende. Du lässt es sein. Du versenkst dich in die Tiefen deines eigenen Seins. Wir weiten

unseren Blick und nehmen
automatisch andere Dinge mehr wahr.

Hast du schon eine eigene Form der
Meditation?

____

____

____

____

Ansonsten probiere eine meiner
Meditationen oder andere auf
YouTube aus
(https://youtube.com/@praxis-
aw?feature=shared)!

Mögliche Meditationen

Abb. 5 Beispiele verschiedener Formen der Meditation

4. Bewegung

Sport und anstrengende Bewegungen können sehr schnell und direkt in den Körper bringen. Sie verstärken die Körperwahrnehmung. Der Kopf kann abschalten und gleichzeitig wird der Körper gestärkt.

Auch Körperübungen aus dem Yoga, Rosen-Movement, Feldenkrais, Pilates, Nia oder die „7 Tibeter" können nicht nur die Körperwahrnehmung stärken und eine Achtsamkeitspraxis sein. Sie kräftigen auch den Körper.

Übst du schon einen Sport oder Körperübungen aus? Besuchst du eine Gruppe?

____

____

____

____

Wenn nicht, probiere auf YouTube kurze Workouts aus und schaue, welche dir zusagen und mache jeden Tag 10 Minuten davon.

Achte darauf, dass du achtsam Kräftigungsübungen machst und dich nicht überanstrengst, sonst schädigst du dich und deinen Körper eher!

In meinem Selbstfürsorge online-Kurs (www.praxis-aw.de/selbstfuersorge) gibt es eine Videoanleitung mit achtsamen Körperübungen zur Kräftigung, Stabilisierung und Entspannung insbesondere für den Rücken.

5. Genießen

Sich etwas Gutes gönnen und
Genießen kann ganz unterschiedlich
sein. Für den einen kann es sein die
Natur zu erleben, zu spazieren, nichts
zu tun und Sonne zu tanken, ein gutes
Buch zu lesen oder Tee zu trinken. Für
den anderen ist es Musik zu hören,
etwas Schönes anzuschauen, im
Museum zu sein, Reisen. Die
Möglichkeiten sind vielfältig.

Es kann helfen den Blick zu weiten.
Das hat meine klinische Erfahrung
gezeigt:

Manchmal ist es gut, nicht immer nur
zu sich zu schauen und sich um die
eigenen Probleme zu drehen.
Manchmal tut es gut, den Fokus von
sich selbst, den eigenen Gedanken und
Empfindungen weg zu bringen und die
Umgebung wahrzunehmen, den Blick
zu weiten. Vielleicht gibt es etwas
Schönes zu betrachten? Manchmal ist
sich so zu öffnen wie eine Meditation.

Lass genau jetzt im Moment deinen Blick weit und die Augen ganz weich werden – öffne dich und vielleicht kannst du dich von dem einen oder anderen Wunder um dich herum berühren lassen?

Was gibt es Schönes in Deiner Umgebung?

____

____

____

____

6. Die Lieben

In einer wohlwollenden Gemeinschaft sein und sich willkommen fühlen ist nicht selten das Gegenteil von dem was viele fühlen, gerade wenn frühe Traumata eine Rolle in der eigenen Lebensgeschichte spielen. Eine wohltuende Gemeinschaft kann neben der eigenen Familie, den Freundeskreis, örtliche Gruppen wie einen Bücherkreis, einen Sprachkurs, den Chor, einen Verein oder eine Wandergruppe und Vieles mehr umfassen.

Eine wohlwollende, gute Gesellschaft kann ein Signal dafür sein, sich sicher und verbunden zu fühlen. Dabei wird das Hormon Oxytocin ausgeschüttet und man fühlt sich zuhause.

Auch andere Faktoren können zur Ausschüttung des Hormons führen. Wissenschaftliche Untersuchungen haben gezeigt, dass es einen Zusammenhang zwischen der Ausschüttung des Hormons und der Resilienzfähigkeit gibt. Besteht Resilienz, dann gibt das ein Gefühl von beschützt sein, stressigen Umständen kann leichter begegnet werden. Daher ist es gut sich damit zu verbinden was dir guttut.

 Mit wem fühlst du dich zuhause? Das kann auch ein Ort sein oder eine Tierfreundschaft.

____

 Mit wem magst du dich zum Tee oder Kaffee trinken verabreden?

____

7. Berührung

Unter angenehmer Berührung wird das Wohlfühl – Hormon Oxytocin ebenso ausgeschüttet wie in guter Gesellschaft. Dieses bewirkt ein Gefühl von Geborgenheit, Wohlbefinden, Zufriedenheit und des Zuhauses seins. Vertrauen und glücklich mit sich selber sein kann entstehen.

Es gibt verschiedene Formen wie mit Berührung einem selbst und anderen Gutes getan werden kann. Angenehme und wohlwollende Berührung tut jedem einfach gut.

Kennst du schon eine Form der Berührung die dir guttut?

____

____

____

____

Während der Berührungskunst nach der Rosen-Methode® beispielsweise wird Oxytocin auch ausgeschüttet.

Mehr dazu gibt es in meinem Blog-Artikel unter www.praxis-aw.de zu lesen.

Übrigens berührt sich jeder automatisch täglich vielmals selbst um sich damit zu beruhigen und um sich zu fokussieren (siehe Abbildung 6). Diese Effekte können bewusst eingesetzt werden. Eine kurze praktikable Selbstberührungsübung kann leicht in deine Alltagspraxis integriert oder in der Arbeit mit Gruppen angewendet werden!

Abb. 6 Selbstberührung

Diese Frage begegnet mir manchmal. In den 4 Tipps findest du einfache Schritte einer achtsamen, unvoreingenommenen und wohlwollenden Berührungskunst (siehe Abbildung 7).

Abb. 7 4 Tipps wie ich gut berühren kann

Wenn du eine konkretere Idee davon bekommen möchtest, wie du gut berühren kannst, dann ist vielleicht außerdem der online Selbstlernerkurs „Berührung im Alltag" etwas für dich. Unter https://praxis-aw.de/beruehrung-im-alltag/ findest du nähere Informationen dazu.

Selbstberührung ist übrigens eine gute Alternative, wenn es gerade niemanden gibt oder Fremdberührung schwierig ist.

In der nächsten Übung kannst du gleich mitmachen und es selbst ausprobieren!

EINE SELBSTBERÜHRUNGSÜBUNG
Berühre genau jetzt im Moment dich selbst zart im Gesicht. So wie du jemand anderen im Gesicht berühren würdest den du liebst. Ich zum Beispiel streichele gerne mein Kind auf eine bestimmte Weise zart über die Backe mit der Rückseite meiner Finger. Mache das jetzt bei dir. Oft gibt es die Tendenz dazu andere liebevoller zu berühren als sich selbst. Lass dir Zeit damit und mache das einige Minuten. Nimm dir Zeit nur für dich und spüre in dich hinein was das auslöst.

Wie fühlt es sich an, wenn du dich auf die Berührung einlässt?

____

Der Körper wird oft schnell eingecremt. Wie ist es langsame und achtsame Streichungen zu machen, anstatt die Creme schnell auf der Haut zu verstreichen?

Alternativ kannst du einen Fuß auf deinen Oberschenkel legen und die Fußsohle massieren. Halte den Fuß in beiden Händen, fahre die Ränder ab, drücke sanft die Zehen usw. Schau mal ob es eine Berührung gibt, die dir gefällt.

Wenn du eine Anleitung zur Selbstberührungsübung brauchst, findest du zum Beispiel auf meiner Webseite www.praxis-aw.de für den Eintrag in den Newsletter kostenlos eine Anleitung.

Nun hast du eine Vielzahl an Übungen der Selbstfürsorge gelesen und vielleicht auch für dich ausprobiert.

Gibt es noch eine Methode oder Übung, die du schon praktizierst, hier aber nicht aufgeführt ist?

____

____

____

____

____

____

____

Dann ergänze sie in deiner persönlichen Tabelle. Nun solltest du eine Bandbreite an Übungen für deine eigene Selbstfürsorgepraxis notiert haben! Die leere Tabelle hat sich zu deiner ganz eigenen individuellen und persönlichen Grafik der Selbstfürsorge gefüllt.

ÜBEN

Als nächsten Schritt probiere jeden Tag eine Übung aus einer Kategorie deiner persönlichen Tabelle aus. Diese kannst du dir direkt für den Tag vornehmen und zu einem bestimmten Zeitpunkt einplanen oder am Ende des Tages reflektieren, welche der Methoden du praktiziert hast.

Trage die Übung auf jeden Fall in den Wochenkalender auf Seite 44 ein. Wenn du zum Beispiel an einem Mittwoch beginnst, trage deine durchgeführte Selbstfürsorgepraxis an diesem Wochentag ein und dann am Donnerstag. Fülle den Kalender im genannten Beispiel bis zum Dienstagabend aus. Nimm dir am Mittwoch oder Dienstagabend Zeit zur Reflektion der gesamten Woche (Schritt 5).

Datum	Meine Alltags-praxis	Uhrzeit	Gefühl	Ereignis
Samstag				
Sonntag				
Montag				
Dienstag				
Mittwoch				
Donnerstag				
Freitag				

Abb. 8 Wochenkalender

TÄGLICHE REFLEKTION

Reflektiere über eine Woche jeden Tag am Ende des Tages deine Selbstfürsorgepraxis und denke daran das Ergebnis in den Wochenkalender einzutragen. Blicke auf deinen Tag und frage dich:

- Wie fühle ich mich? (Eintragen unter GEFÜHL)
- Was hat dazu beigetragen? Vielleicht ein Ereignis oder andere Umstände? (Eintragen unter EREIGNIS)
- Habe ich etwas anders gemacht als sonst? (Eintragen unter EREIGNIS)

Notiere immer die Uhrzeit der Selbstfürsorgepraxis in den Wochenkalender. Das kann für die Reflektion nach einer Woche wichtig sein, um zu sehen ob es besser ist die Praxis vor oder nach der Arbeit, am Morgen oder am Abend durchzuführen.

MÖCHTEST DU DEINE ALLTAGSPRAXIS INTENSIVIEREN?

Dann schreibe zusätzlich in ein Tagebuch oder eine Notiz im Handy 3 Dinge pro Tag die schön waren! Manchmal finden sich weniger. Die Hauptsache ist zumindest eine Sache zu notieren.

So schreibst du gleichzeitig dein
eigenes Dankbarkeitstagebuch! Das
kann eine wichtige Ressource in
Krisenzeiten sein.

IN EINER KRISE

Wenn du merkst, dass es dir nicht gut
geht nimm deine Notizen zur Hand
und lies sie durch.

Was macht es mit dir dich an Dinge zu
erinnern die schön waren oder für die
du dankbar bist?

____
____
____
____
____
____
____
____
____
____
____
____
____

WOCHENREFLEKTION

Analysiere am Ende der Woche die gesamte Woche wie aus der Vogelperspektive. Zoome zurück und blicke auf die Gefühle, die du über eine Woche notiert hast: Wann waren positive Gefühle da? Frage dich:

- Wann habe ich mich gut gefühlt?

____

____

____

____

- War eine bestimmte Uhrzeit günstiger? Ist es mir zu einem Zeitpunkt leichter gefallen die Selbstfürsorgepraxis durchzuführen?

____

____

____

____

- Nach welcher Übung ging es mir gut?

____

____

____

____

- Wie sah der Tag aus, als ich diese positiven Gefühle hatte?

____

____

____

____

- War ich alleine oder in Gesellschaft? Wenn ja, mit wem war ich zusammen?

____

____

____

____

- Kann ich mir davon etwas als Routine beibehalten? Zum Beispiel eine bestimmte Übung, der Besuch einer Gruppe oder die Uhrzeit der Selbstfürsorgepraxis.

____

____

____

____

SELBSTFÜRSORGE-BUDDY
Du kannst dich auch mit einer Freundin oder einem Freund verabreden der oder die ebenso ihre Selbstfürsorgepraxis üben möchte. Ihr könnt euch zum Beispiel am Ende der

Woche verabreden und über eure Woche sprechen oder jeden Tag telefonieren.

Die Motivation kann dadurch deutlich steigen und vielleicht bleibst du einfacher kontinuierlich dabei!

Ihr könnt euch gegenseitig fragen:

- Hast du es geschafft jeden Tag eine Übung deiner Selbstfürsorgepraxis zu machen?

____

____

____

____

- Wie hast du dich dabei gefühlt?

____

____

____

____

- Wie fühlst du dich nach einer Woche der Selbstfürsorgepraxis?

____

____

____

____

Reflektiere abschließend noch einmal, ob du dir von der einen Woche etwas als Routine beibehalten kannst. Zum Beispiel eine bestimmte Uhrzeit der Selbstfürsorgepraxis oder eine Übung?

Dann probiere aus wie es ist die Selbstfürsorgepraxis regelmäßig zu einem bestimmten Zeitpunkt oder mit einer bestimmten Person bzw. Gruppe zu praktizieren. Mache jedoch keine Regel daraus! Jeder Tag und jede Woche sind anders.

Bleibe möglichst über ein paar Wochen dran und notiere deine Erfahrungen über mehrere Wochen in den Wochenkalender, so dass du verschiedene Wochen miteinander vergleichen kannst. Wenn du eine Woche pausierst dann ist das in Ordnung. Du kannst deine Praxis jederzeit wieder aufnehmen!

Wenn du regelmäßig an deine Alltagspraxis erinnert werden möchtest dann hole dir gerne den kostenlosen Selbstfürsorge-Jahreskalender für den Eintrag in den Newsletter unter https://praxis-aw.de/jahreskalender/.

1. Welche Übungen dir persönlich zusagen und im besten Fall helfen bei dir zu sein, zu dir zu kommen, dich zu regulieren und Stress zu reduzieren.

2. Wann du deine Selbstfürsorgepraxis am besten in deinen Alltag integrierst. Ist es eine bestimmte Uhrzeit oder geschieht deine Alltagspraxis mehr beiläufig? Oder ist es eine Mischung aus beidem?

3. Wo du deine Übungen praktizierst. Ist es bei dir zu Hause, der Besuch einer regelmäßigen Gruppe, eines Vereins oder ein Café?

4. Wie deine eigene Selbstfürsorgepraxis und deine persönlichen Übungen idealerweise aussehen.

Es gibt immer innere Saboteure und hinderliche Gedanken wie zum Beispiel: „Aber wie soll ich das machen?", „Das funktioniert eh nicht!", „Ich kann das nicht.", usw.

Ich bin mir sicher du bist diesem inneren Saboteur schon mindestens 1-mal beim Lesen des kleinen Buches oder Üben begegnet.

Was sagt dein innerer Saboteur?

____

____

____

1. Das Effektivste ist dranbleiben und eine Routine aufzubauen.

2. Ein Buddy kann helfen dich zu motivieren. Falls du dich mit noch niemandem zusammengeschlossen hast kannst du dir jemanden suchen der dich zumindest regelmäßig daran erinnert, dass du etwas für dich tun kannst.

3. Hol dir die Inspirationen auf meinen anderen Kanälen wie Instagram oder YouTube (@praxisaw). 

4. Lade dir als Erinnerung den Selbstfürsorge – Jahreskalender für den Eintrag in den Newsletter auf meiner Webseite herunter; ebenso eine von mir angeleitete Selbstberührungsübung angelehnt an die Berührung nach der Rosen-Methode® Körperarbeit.

5. Gerne kannst du auch dran bleiben mit Unterstützung des 4-wöchigen online Selbstlernerprogramms indem du innerhalb von 4 Wochen eine Routine aufbaust und deine Selbstfürsorgepraxis so etablierst, dass sie ganz natürlich Teil deines Tagesablaufes im Alltag ist. Darüberhinausgehend schaust du im online-Kurs tiefer, was dich in Krisen stürzt oder dich und dein Selbstwertgefühl klein hält. Du schaust dir deine inneren Muster und Glaubenssätze genauer an und wie du sie transformieren kannst. Hier wird zudem die liebevolle innere Stimme wie ich sie eingangs erwähnte gestärkt.

Der Selbstfürsorge online-Kurs für eine nachhaltige Selbstfürsorgepraxis zur Selbst- und Stressregulation enthält 4 Module mit Videoanleitungen, Wochenaufgaben, ein Arbeitsbuch und mehr. Schau gerne unter www.praxis-aw.de/selbstfuersorge nach.

Vielen Dank, dass du bis zum Ende gelesen hast, dich mit mir auf die Reise gemacht hast und dir Zeit für dich nimmst! Das ist eine der besten Voraussetzungen um bei dir anzukommen (siehe Abbildung 9).

Nun bleib weiterhin dran oder komme immer wieder darauf zurück: Praktiziere so oft wie möglich bewusst eine Übung aus deiner individuellen Tabelle mit den sieben Kategorien oder reflektiere regelmäßig am Ende des Tages oder alle zwei Tage was du am Tag für deine persönliche Selbstfürsorge getan und erlebt hast. Mache dir, wenn möglich kein schlechtes Gewissen, wenn du über einen längeren Zeitraum hinweg keine Selbstfürsorge praktiziert hast. Schlechte Gedanken und Abwertungen helfen oft nicht weiter. Sie verschlimmern meistens den aktuellen Zustand.

Lass es lieber zum Signal dafür werden dich jetzt im Moment hinzusetzen und innezuhalten, zu meditieren, dich zu bewegen oder den Blick zu weiten für die Dinge, die jetzt im Moment da

sind, dich berühren und wichtig sind.
Lass es einfach auf dich wirken oder
schreibe es auf, wenn dir danach ist
oder male ein Bild. Sei weich und
liebevoll mit dir selbst – so wie du es
mit einer anderen Person wärst. Gib
dir das was du jemand anderem
schenken würdest.

So geschieht Veränderung in eine
Richtung die für dich konstruktiv ist. In
der Fachsprache wird es das
Selbstwirksamkeitserleben erhöhen
genannt. D.h. es wird die Erfahrung
gemacht etwas bewirken zu können
und das ermächtigt dich dazu auf dein
Leben, auf deine Stimmung Einfluss
nehmen zu können. Viel zu häufig
habe ich erlebt, dass mit einer Ursache
psychischer Erkrankungen das Gefühl
ist keine Kontrolle über das eigene
Leben und die Gefühle zu haben.
Indem du deine eigene
Selbstfürsorgepraxis aufbaust und
regelmäßig praktizierst gewinnst du
etwas. Du kannst selbstwirksam sein
und etwas bewirken. Das was du tust
hat einen positiven Effekt auf dein
Erleben. Wenn du mehr bei dir bist,
wirst du zufriedener sein. Auch deine
Mitmenschen werden das bemerken!

Abb. 9 3 Schritte zu sich

Datum	Meine Alltags-praxis	Uhrzeit	Gefühl	Ereignis
Samstag				
Sonntag				
Montag				
Dienstag				
Mittwoch				
Donnerstag				
Freitag				

Übungen deiner Selbstfürsorgepraxis

Alle Grafiken sind erstellt mit Canva von © Dr. med. Andrea Werner.

7 Kategorien der Selbstfürsorgepraxis

Alle Grafiken sind erstellt mit Canva von © Dr. med. Andrea Werner.

DR. MED. ANDREA WERNER

ist Körpertherapeutin mit klinischer Erfahrung in Einzel- und Gruppenpsychotherapie und Psychosomatik. Sie sammelt seit 2002 Erfahrungen in verschiedenen Formen der Körperarbeit und Achtsamkeitspraktiken. Sie unterrichtet Rosen-Methode® Körperarbeit für das Deutsche Zentrum der Rosen-Methode®. Seit 2012 begleitet sie Menschen in eigener Praxis mit der Rosen-Methode® Körperarbeit. Ihre Dissertation verfasste sie zum Thema Körperpsychotherapie.